Anja Lorenz

Kunst in der Förderschule: FARBEN

Eine Experimentierkartei

9783834430762

Persen
Persen Verlag

Die Autorin:

Anja Lorenz ist ausgebildete Förderschullehrerin und arbeitet an Schulen mit dem Förderschwerpunkt Geistige Entwicklung sowie als Integrationslehrkraft an Grund- und Hauptschulen.

Gedruckt auf umweltbewusst gefertigtem, chlorfrei gebleichtem und alterungsbeständigem Papier.

2. Auflage 2018

Grafik: Julia Flasche
Satz: MouseDesign Medien AG, Zeven

ISBN 978-3-8344-**3076**-2

www.persen.de

Inhaltsverzeichnis

Einführung

Eine Experimentierkartei zum Thema Farben – WOZU?

Das typische Mischen von Farben im Kunstunterricht kennen wir alle. Diese Kartei möchte jedoch weitaus mehr bieten: Um kritisches Denken zu schulen und damit dem Auftrag der Rahmenpläne – egal welcher Fächer, gleich welcher Bundesländer – gerecht zu werden, ist das Material in diesem Buch so gestaltet, dass eben nicht immer zwei miteinander gemischte Farben ihre typische Mischfarbe ergeben, und dass nicht unbedingt jede/-r Schüler/-in zum selben Ergebnis gelangen muss. Durch Aufgaben zum genauen Beobachten von Farben und Farbveränderungen werden die Schüler/-innen dazu angeregt und herausgefordert, ihre Umwelt genauer und bewusster wahrzunehmen.

FÜR WEN?

Die Karteikarten und Arbeitsblätter in diesem Buch sind schwerpunktmäßig für Schüler/-innen an Schulen mit dem Förderschwerpunkt LERNEN der Klassen 2 bis 5 angelegt. Das Material eignet sich jedoch ebenfalls für einen inklusiven Unterricht, da es vielfältige Differenzierungsmöglichkeiten bietet und individuell an die Lernvoraussetzungen der Schüler/-innen angepasst werden kann. Dies ermöglichen insbesondere die Blankovorlagen (S. 35–38), die Sie individuell gestalten und ausfüllen können, sowie die Vielzahl an zusätzlichen Arbeitsblättern (S. 39–44).

WO?

Der „Haupteinsatzort“ der Experimentierkartei ist zunächst der Kunstunterricht. Zusätzlich bietet die Kartei jedoch Anknüpfungspunkte für ein fächerübergreifendes Arbeiten, zum Beispiel Beschreiben von Vorgängen (Deutsch) oder Experimentieren mit Materialien und Lebensmitteln (Sachunterricht).

WIE?

Die Experimentierkartei ist so gestaltet, dass sie sowohl geschlossen als Ganzes, aber auch lediglich in Teilen im Unterricht eingesetzt werden kann. Sie können somit den inhaltlichen und zeitlichen Umfang Ihrer Unterrichtseinheit ganz flexibel und individuell gestalten. Einer individuellen Kombination der Karteikarten und Arbeitsblätter in Menge, Reihenfolge, Schweregrad und der Auswahl an Mischfarben sind keine Grenzen gesetzt. Außerdem ist jederzeit – auch noch während der Bearbeitung des Themas, zum Beispiel bei Unter- oder Überforderung einzelner Schüler/-innen – ein Abwandeln der Kartei möglich. Mit etwas mehr Arbeitsaufwand, beispielsweise durch Herausnehmen und Vergrößern einzelner Abbildungen, kann die Kartei noch individueller gestaltet werden.

Vom frontal angeleiteten Unterricht über Stationenarbeit bis zur Freiarbeit bietet das Material vielfältige methodische Einsatzmöglichkeiten. Gleiches gilt für die Sozialform: Die Experimentieraufgaben der Kartei können in Einzel-, Partner- und Gruppenarbeit durchgeführt werden. Bei den Mal- und Gestaltungsaufgaben bietet sich dagegen eher Einzelarbeit an.

Die Schüler/-innen können alle Arbeitsergebnisse in einer Mappe sammeln. Auf diese Weise entsteht im Laufe der Einheit ihr ganz persönliches Farbenbuch.

Hinweise

Auf den ersten Blick erscheinen manche Arbeitsblätter möglicherweise doppelt. Ein Beispiel: Auf Seite 10 finden Sie die beiden Karteikarten „ROT + GELB = ORANGE?“ und „GELB + ROT= ORANGE?“. Dies ist bewusst so angelegt, denn im Ergebnis macht es durchaus einen Unterschied, ob Ihre Schüler/-innen mit Gelb auf Rot oder mit Rot auf Gelb malen. Entscheiden Sie selbst, inwiefern es für Ihre Schüler/-innen sinnvoll, überflüssig, über- oder unterfordernd ist, jeweils beide Karteikarten einzusetzen und gestalten Sie die Gesamtkartei entsprechend.

Im Anhang finden Sie verschiedene Malvorlagen. Die Vorlagen Feuerbild, Blätter-Baum,

Einführung

Weintrauben und Familie Schwein (S. 45–48) dienen als Ergänzung zu den gleichnamigen Karteikarten und können als Hilfe für schwächere Schüler/-innen eingesetzt werden. So können diese sich auf das Mischen und Einsetzen der Farben konzentrieren, ohne bereits im Vorfeld durch den Versuch, ein Feuer oder ein Schwein selbst zu zeichnen, entmutigt zu werden.

Notwendige Materialien

Als Farben eignen sich am besten Schulmalfarben. Diese sind im Satz mit den sechs Farben GELB, ROT, BLAU, GRÜN, WEIß und SCHWARZ oder auch einzeln in den von Ihnen gewählten Farbgebungen im Handel erhältlich. Von der Verwendung von Tuschkasten- oder anderen Farben als den Schulmalfarben wird bei der Arbeit mit dieser Experimentierkartei dagegen abgeraten, um erfolgreiches Mischen zu garantieren. Die benötigte Farbenmenge hängt sowohl von der Schülerzahl als auch von Ihrer Auswahl an Karteikarten und Arbeitsblättern ab.

Zur Bearbeitung der Karteikarte „Beobachte genau" (zum Beispiel S. 13) muss die Farbe zuvor mit Wasser angesetzt werden. Eine Verdünnung von 20 ml Farbe mit einem halben Liter Wasser ist vorteilhaft, um auf der einen Seite die Intensität des Farbtons nicht zu beeinträchtigen und gleichzeitig eine sparsame Verwendung der Farben zu gewährleisten.

Hierbei ist es ratsam im Rahmen der Vorbereitung von jeder benötigten Farbe einen Topf an verdünnter Farbe für die ganze Klasse herzustellen. In Abhängigkeit vom Geschick Ihrer Schüler wählen Sie für die Bearbeitung der Karteikarte „Beobachte genau" entweder Tee- oder Esslöffel.

Des Weiteren benötigen Sie ausreichend Gläser oder durchsichtige Becher zum Beobachten der Mischprozesse, eine Mischpalette, Buntstifte, Knete, Farbfolien sowie farbiges Papier in allen von Ihnen gewählten Farben. Im Bedarfsfall ist farbiges Papier auch selbst herstellbar, indem Sie die ausgewählte Farbe als Komplettblatt über den Computer ausdrucken oder vorher selbst im entsprechenden Farbton streichen und trocknen lassen. Wenn keine Farbfolien im Handel erhältlich sind, können diese selbst mit Hilfe von Fenstermalfarben oder über das Ausdrucken am Computer hergestellt werden. Bitte probieren Sie in diesem Fall unbedingt vorher aus, ob das ‚Mischen' mit den Farbfolien klappt.

Dass als typische Utensilien Pinsel, Lappen, Zeitung und alles, was im Kunstunterricht sonst benötigt wird, zum Einsatz kommen, bedarf keiner gesonderten Erklärung.

Notwendige Vorbereitungen

Die Vorbereitungen müssen nicht in ihrer Gänze durch den Lehrer (allein) erfolgen. Unter Anleitung können Schüler-/innen bestimmte Vorarbeiten, wie z. B. das Verdünnen der Farben mit Wasser, selbst leisten.

Die Auswahl und das Beschriften der Karteikarten und Arbeitsblätter für die Klasse oder für einzelne Schüler/-innen sollten Sie jedoch vor Arbeitsbeginn bewusst und gewissenhaft selbst durchführen. Stellen Sie entweder eine gemeinsame Kartei für die ganze Klasse oder unterschiedliche Karteien für unterschiedliche Schülergruppen zusammen. Nummerieren Sie die Karteikarten und Arbeitsblätter entsprechend der Reihenfolge, in der die Schüler/-innen sie bearbeiten sollen. Hierfür finden Sie unten auf jeder Karteikarte beziehungsweise jedem Arbeitsblatt einen kleinen Nummernkasten.

Ratsam ist das Laminieren der Karteikarten, um diese gerade während des Umgangs mit Farben und Wasser vor Beschädigungen und Verschmutzungen zu schützen.

Zu guter Letzt benötigen Sie ein wenig Fantasie bzw. die Fähigkeit, die Fantasie Ihrer Schüler/-innen zuzulassen. Ihrer und der Fantasie Ihrer Schüler/-innen sind dabei keine Grenzen gesetzt.

Viel Spaß beim Experimentieren!

GELB

Male mit GELB!

BLAU

Male mit verschiedenen BLAU-Tönen!

ROT

Male mit verschiedenen ROT-Tönen!

Achtung! Es hat sich ein Fehler eingeschlichen!

Was ergeben ...

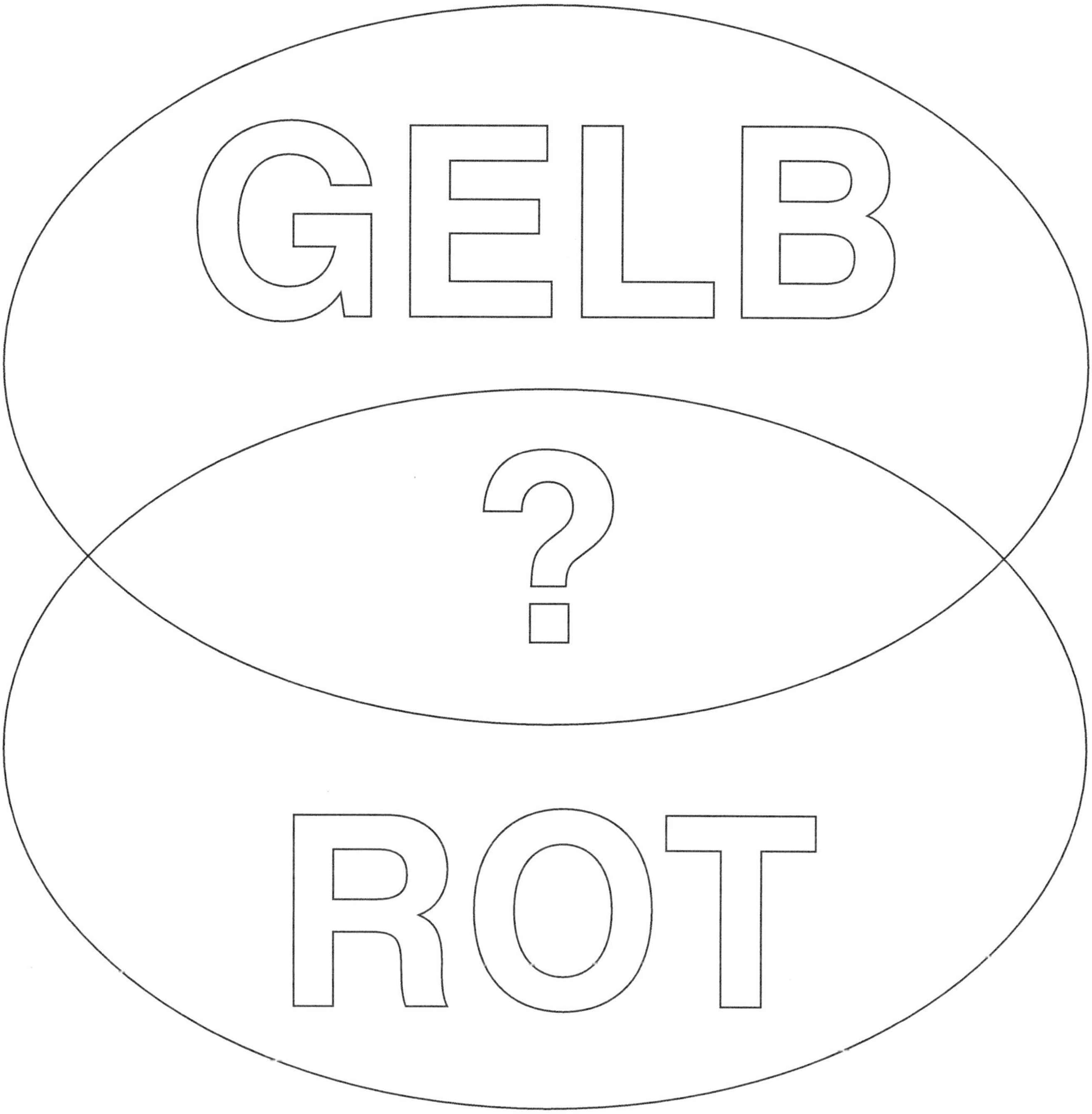

Ergebnis:

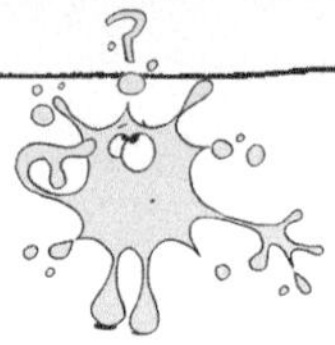

ROT + GELB = ORANGE?

Nimm ein **rotes** Blatt!
Male darauf mit GELB!

Wird es ORANGE?

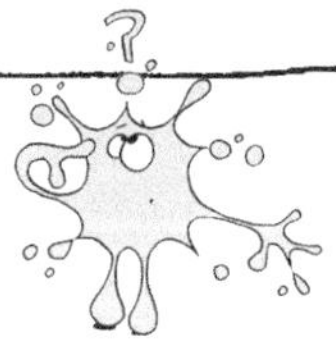

GELB + ROT = ORANGE?

Nimm ein **gelbes** Blatt!
Male darauf mit ROT!

Wird es ORANGE?

Knete

1. Mische **rote** und **gelbe** Knete!
   Welche Farbe kommt raus?

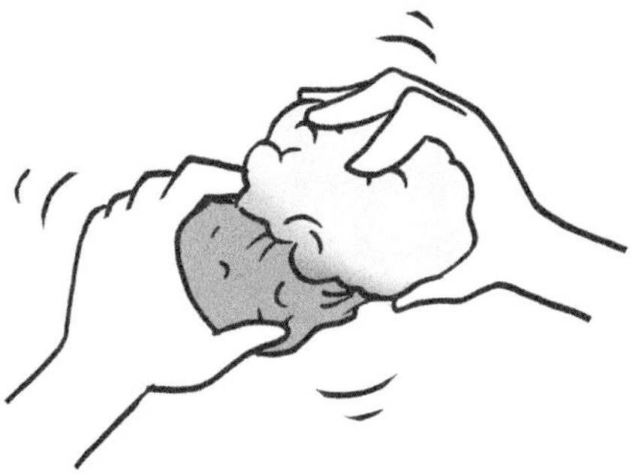

2. Forme eine Figur!
   Erkennen deine Mitschüler,
   was du geformt hast?

Buntstift

1. Male mit einem **roten** Buntstift!
   Male darüber mit einem **gelben** Buntstift!

   Welche Farbe kommt raus?

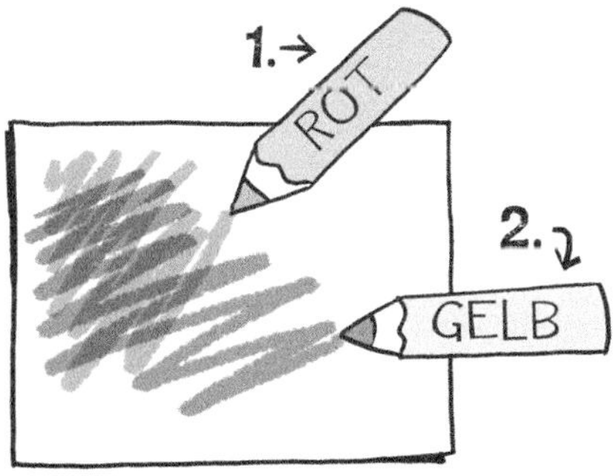

2. Male mit einem **gelben** Buntstift!
   Male darüber mit einem **roten** Buntstift!

   Welche Farbe kommt raus?

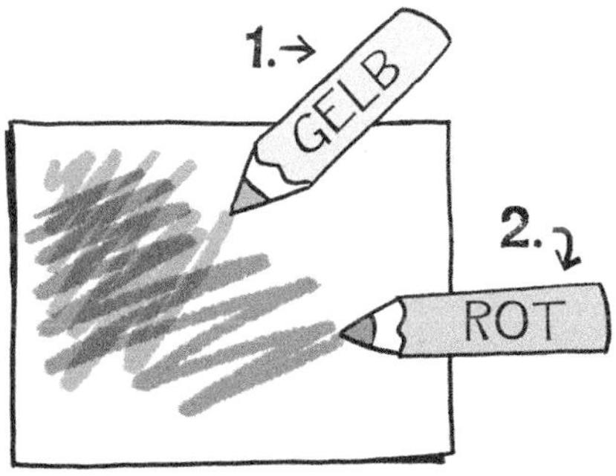

Folie

1. Lege eine **gelbe** Folie über eine **rote** Folie!
   Halte sie gegen das Licht!
   Was passiert?

2. Lege nun die **rote** Folie über die **gelbe** Folie!
   Halte sie gegen das Licht!
   Was passiert nun?

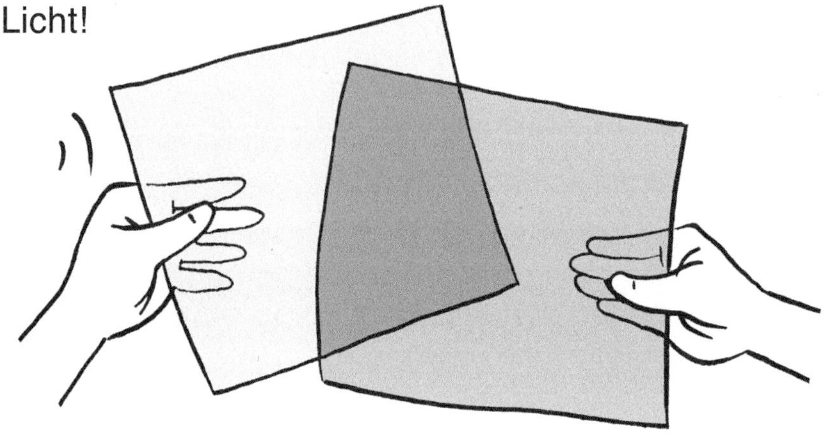

Beobachte genau!

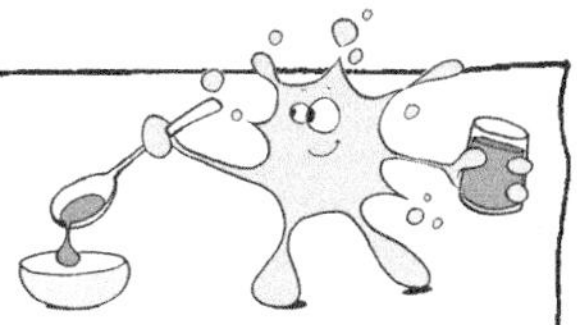

Fülle zehn Löffel ROT in ein Glas!
Fülle einen Löffel GELB dazu!
Was passiert?

Fülle noch einen Löffel GELB dazu!
Was passiert nun?

Und noch einen Löffel
GELB dazu ...

Und ...

Beobachte genau!

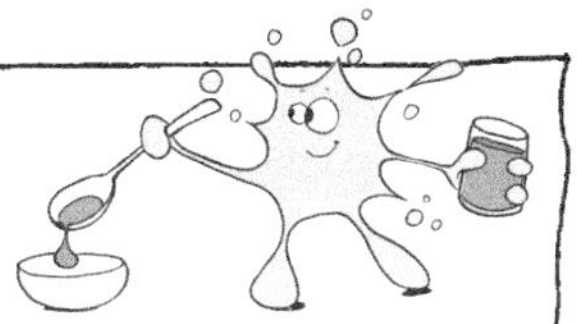

Fülle zehn Löffel GELB in ein Glas!
Fülle einen Löffel ROT dazu!
Was passiert?

Fülle noch einen Löffel ROT dazu!
Was passiert nun?

Und noch einen Löffel
ROT dazu ...

Und ...

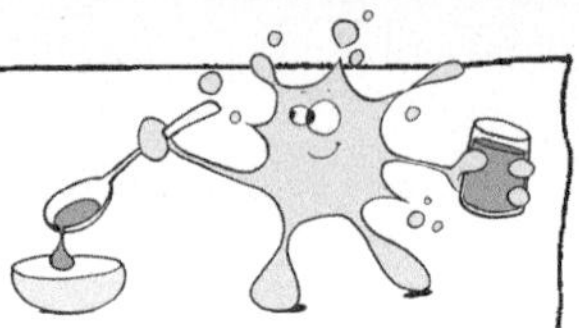

Mische ORANGE!

Fülle zehn Löffel GELB in einen Becher!
Wie viele Löffel ROT müssen dazu, bis du ORANGE erhältst?

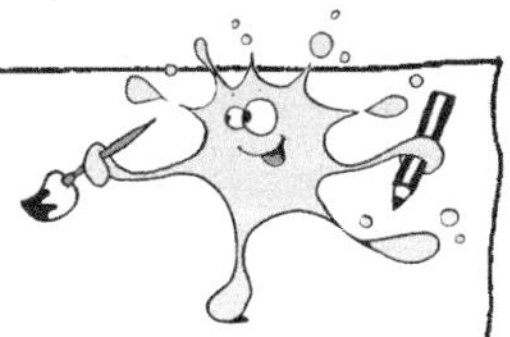

Feuer

Male ein großes Feuer mit den Farben GELB, ROT und ORANGE!
Mische selbst!

Was ergeben ...

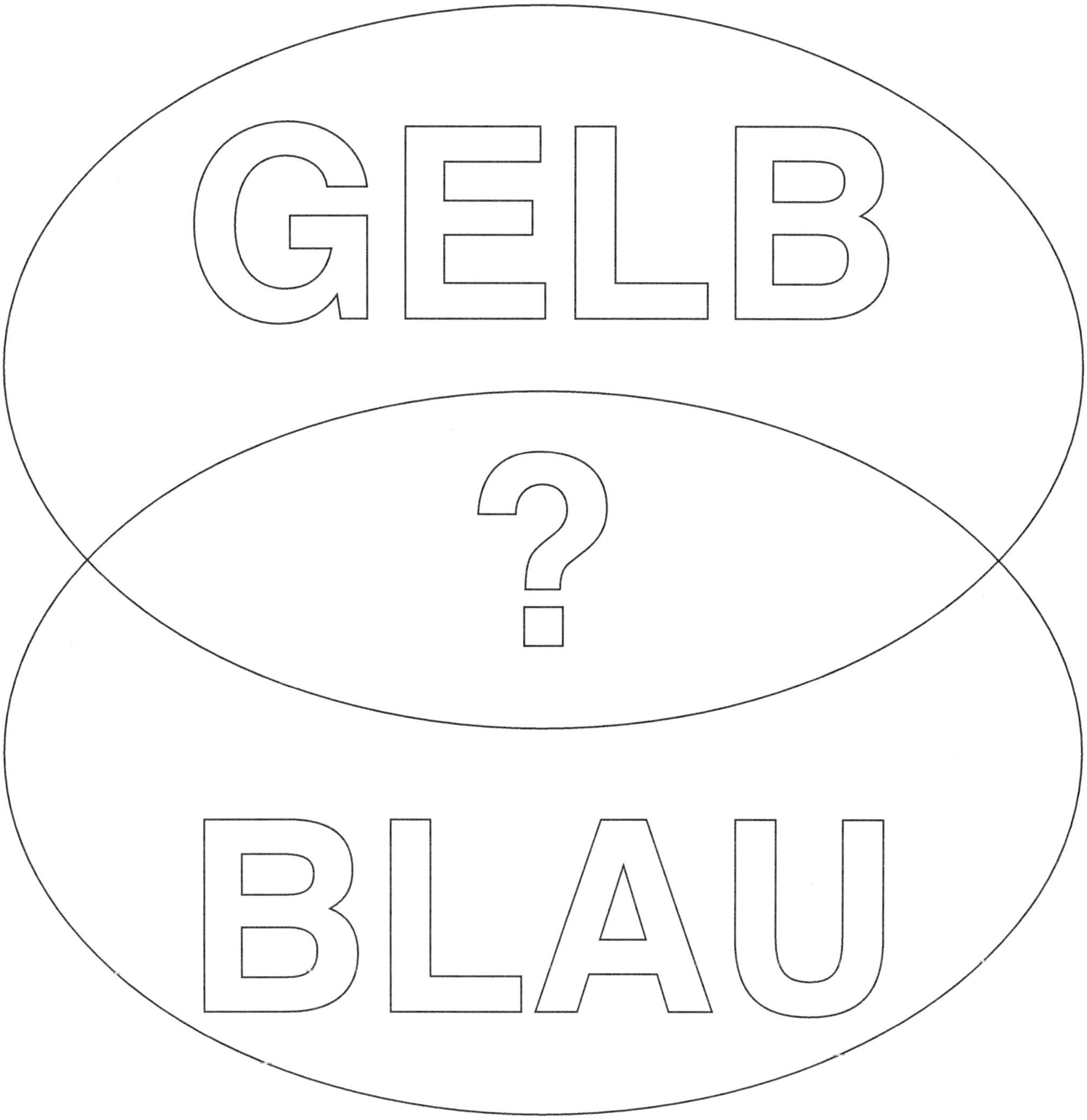

Ergebnis:

BLAU + GELB = GRÜN?

Nimm ein **blaues** Blatt!
Male darauf mit GELB!

Wird es GRÜN?

GELB + BLAU = GRÜN?

Nimm ein **gelbes** Blatt!
Male darauf mit BLAU!

Wird es GRÜN?

Anja Lorenz: Kunst in der Förderschule: Farben
© Persen Verlag, Buxtehude

Knete

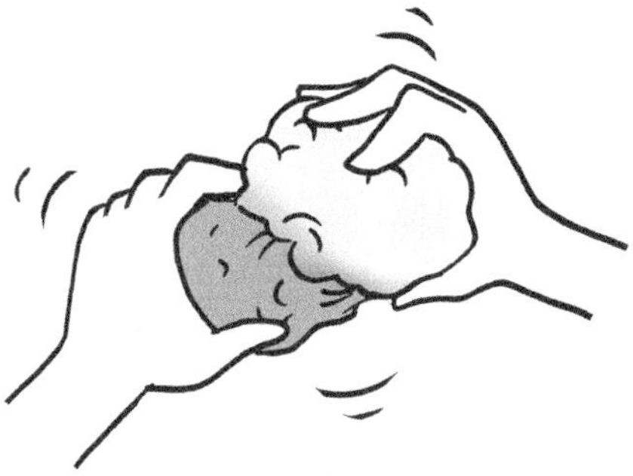

1. Mische **blaue** und **gelbe** Knete!
   Welche Farbe kommt raus?

2. Forme eine Figur!
   Erkennen deine Mitschüler,
   was du geformt hast?

Buntstift

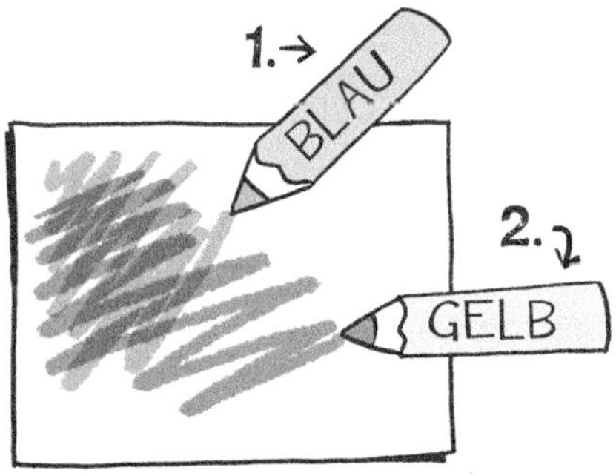

1. Male mit einem **blauen** Buntstift!
   Male darüber mit einem **gelben** Buntstift!

   Welche Farbe kommt raus?

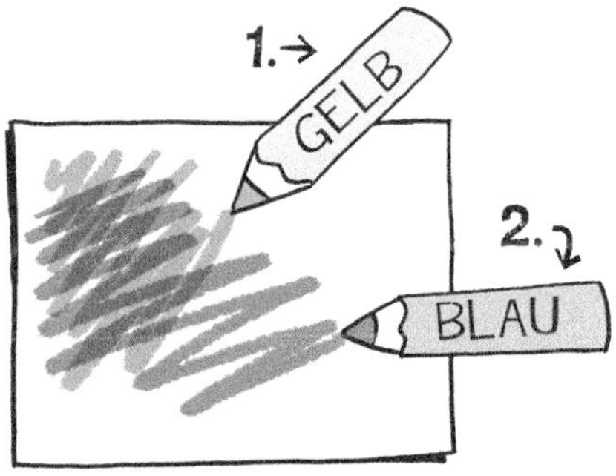

2. Male mit einem **gelben** Buntstift!
   Male darüber mit einem **blauen** Buntstift!

   Welche Farbe kommt raus?

Folie

1. Lege eine **gelbe** Folie über eine **blaue** Folie!
   Halte sie gegen das Licht!
   Was passiert?

2. Lege nun die **blaue** Folie über die **gelbe** Folie!
   Halte sie gegen das Licht!
   Was passiert nun?

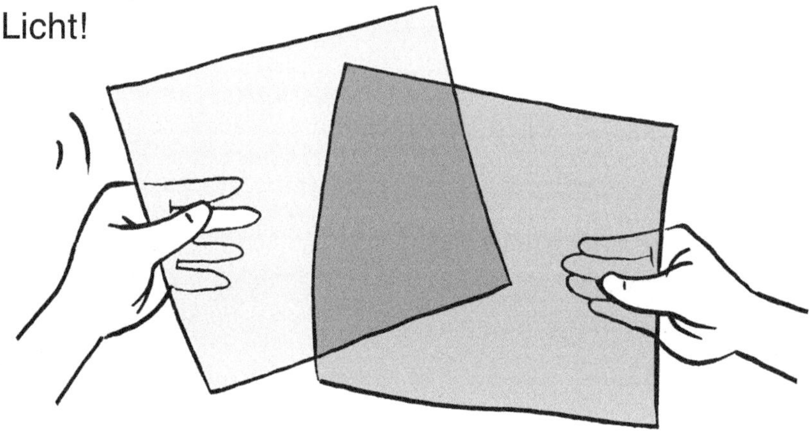

Beobachte genau!

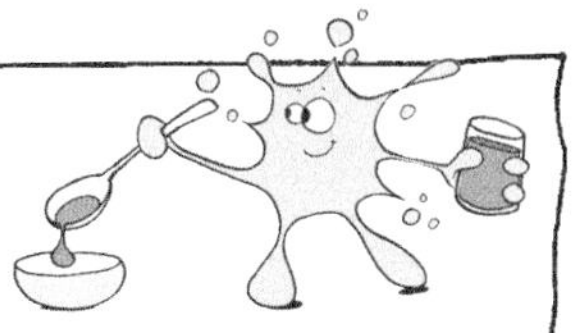

Fülle zehn Löffel BLAU in ein Glas!
Fülle einen Löffel GELB dazu!
Was passiert?

Fülle noch einen Löffel GELB dazu!
Was passiert nun?

Und noch einen Löffel
GELB dazu ...

Und ...

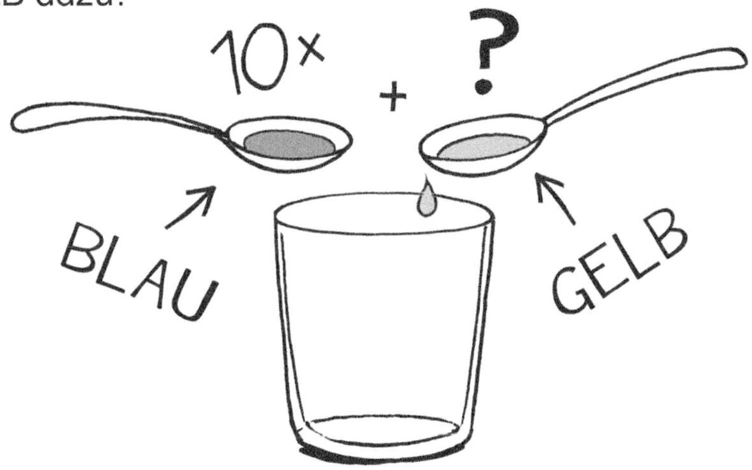

Beobachte genau!

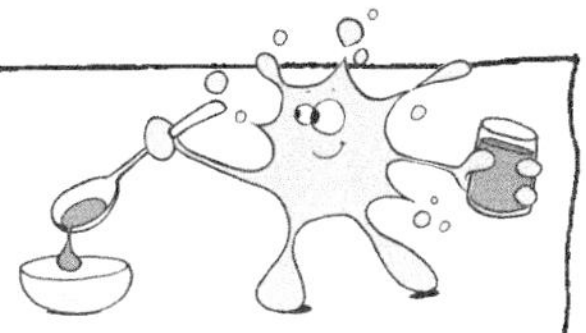

Fülle zehn Löffel GELB in ein Glas!
Fülle einen Löffel BLAU dazu!
Was passiert?

Fülle noch einen Löffel BLAU dazu!
Was passiert nun?

Und noch einen Löffel
BLAU dazu ...

Und ...

Anja Lorenz: Kunst in der Förderschule: Farben
© Persen Verlag, Buxtehude

Mische GRÜN!

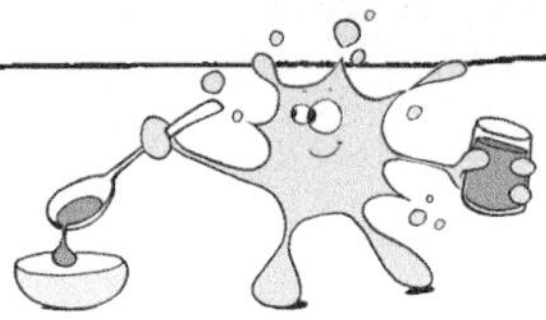

Fülle zehn Löffel GELB in einen Becher!
Wie viele Löffel BLAU müssen dazu, bis du GRÜN erhältst?

Blätter-Baum

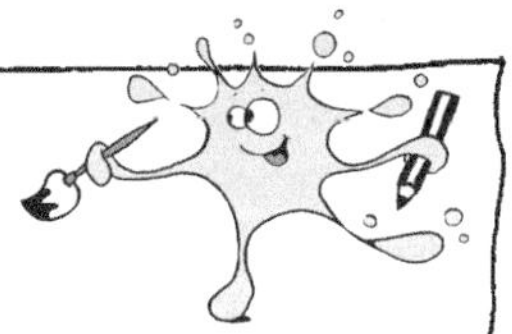

Male einen Baum mit Blättern in vielen verschiedenen GRÜN-Tönen!
Mische selbst!

Was ergeben ...

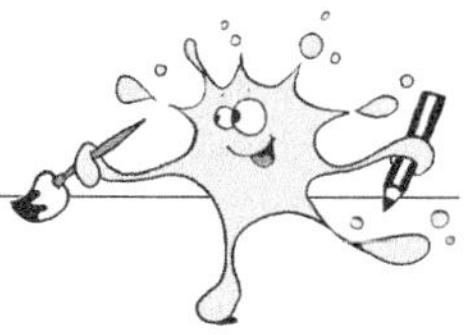

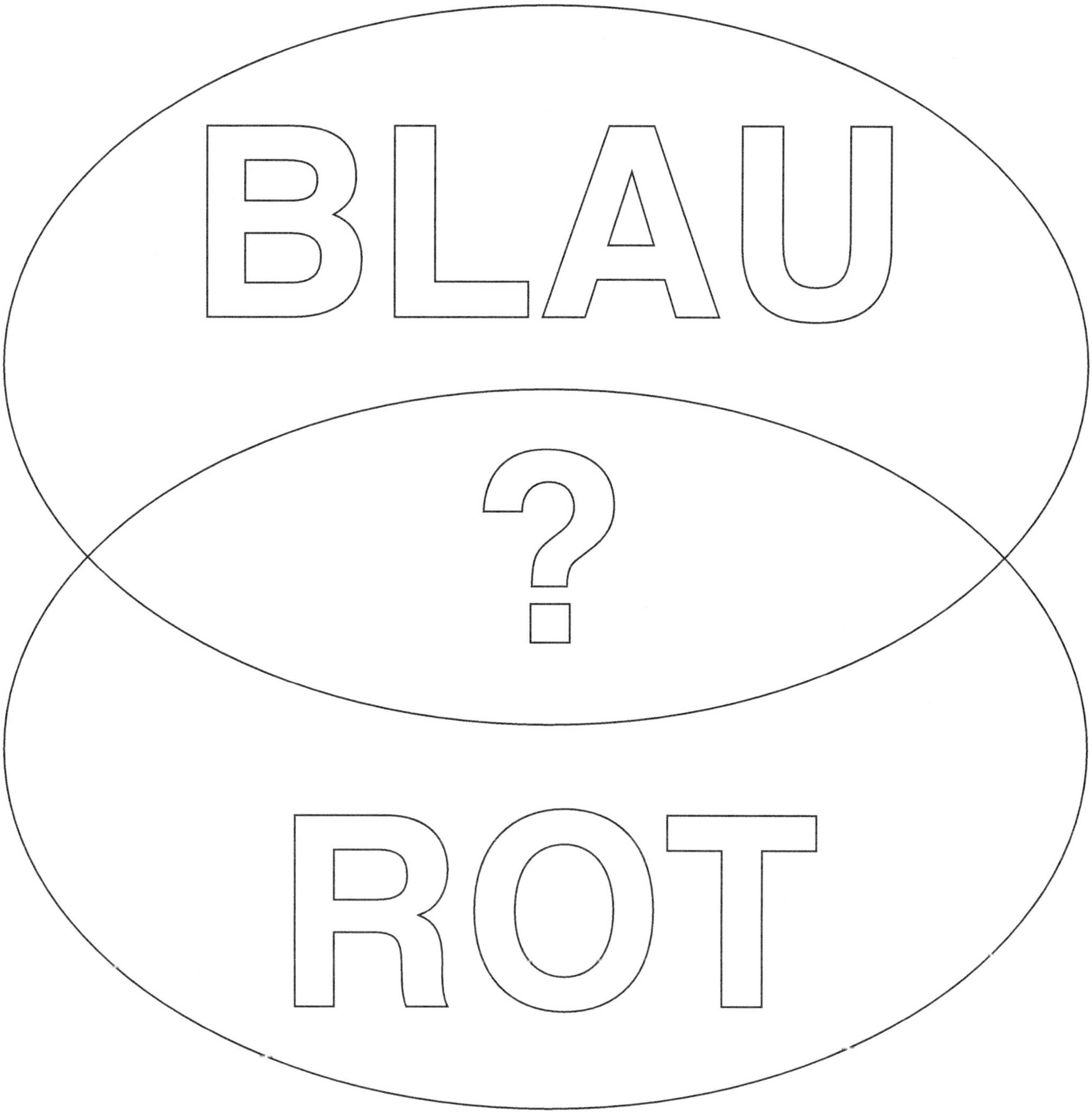

Ergebnis:

ROT + BLAU = LILA?

Nimm ein **rotes** Blatt!
Male darauf mit BLAU!

Wird es LILA?

BLAU + ROT = LILA?

Nimm ein **blaues** Blatt!
Male darauf mit ROT!

Wird es LILA?

Knete

1. Mische **rote** und **blaue** Knete!
   Welche Farbe kommt raus?

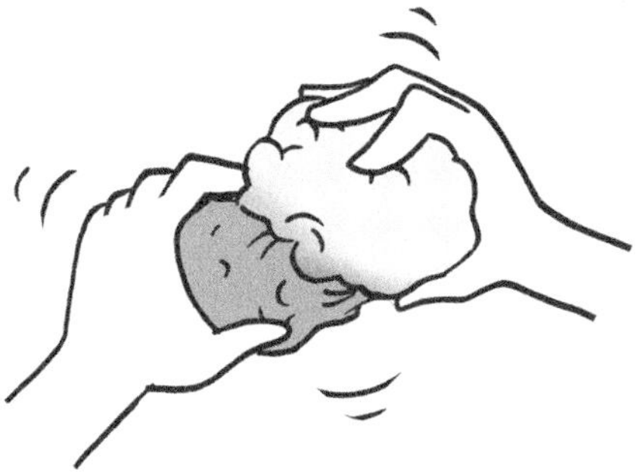

2. Forme eine Figur!
   Erkennen deine Mitschüler,
   was du geformt hast?

Buntstift

1. Male mit einem **roten** Buntstift!
   Male darüber mit einem **blauen** Buntstift!

   Welche Farbe kommt raus?

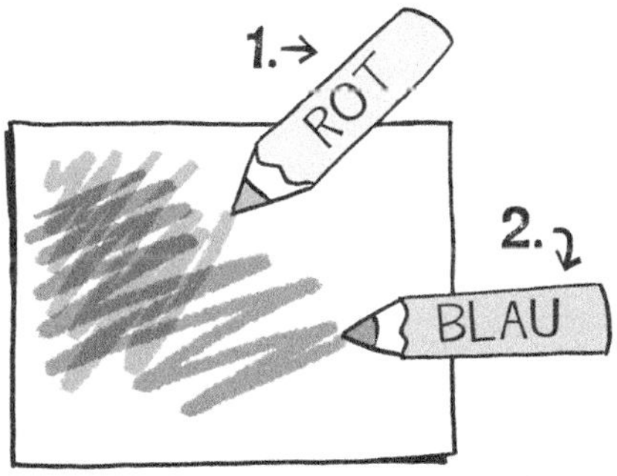

2. Male mit einem **blauen** Buntstift!
   Male darüber mit einem **roten** Buntstift!

   Welche Farbe kommt raus?

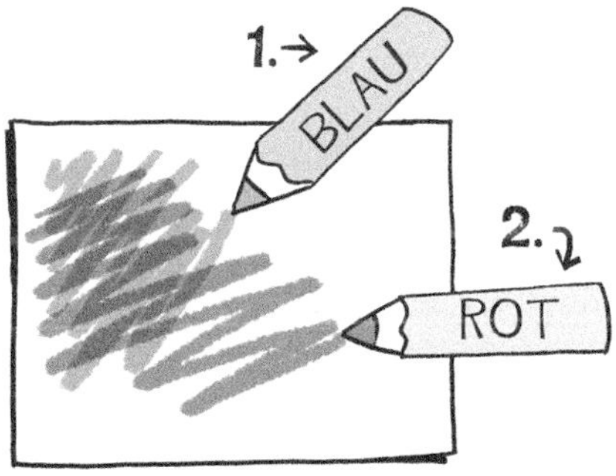

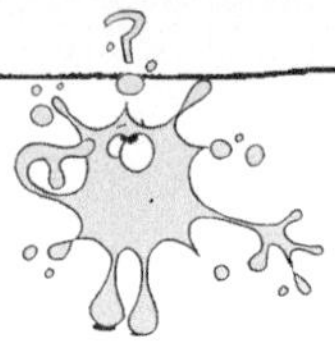

Folie

1. Lege eine **blaue** Folie über eine **rote** Folie!
   Halte sie gegen das Licht!
   Was passiert?

2. Lege nun die **rote** Folie über die **blaue** Folie!
   Halte sie gegen das Licht!
   Was passiert nun?

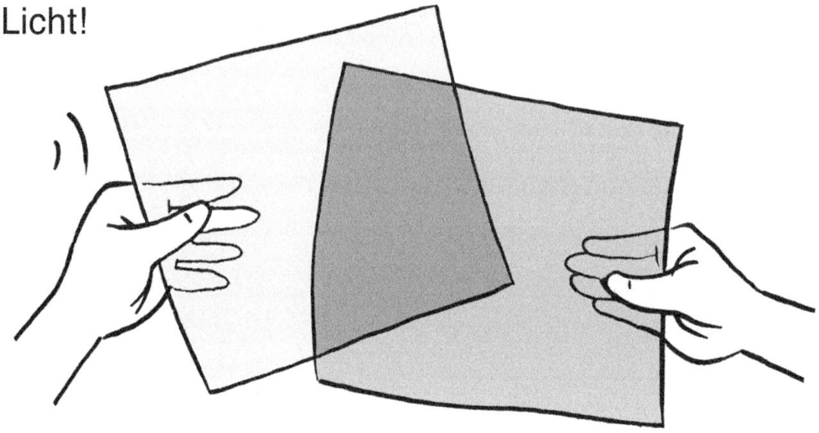

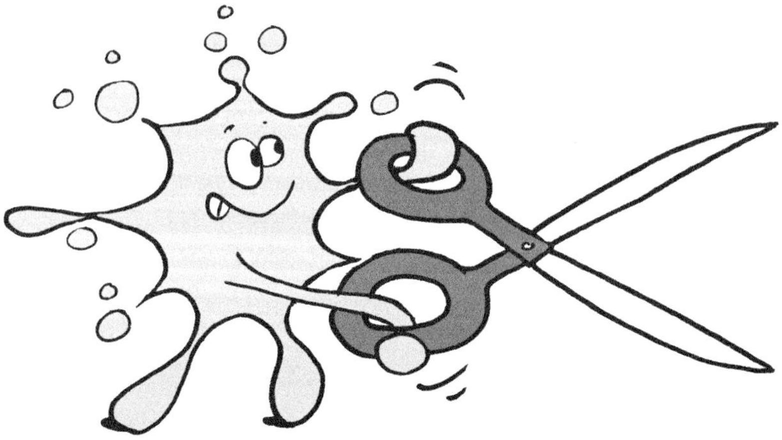

Beobachte genau!

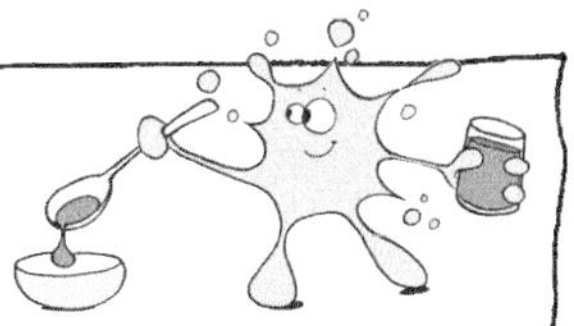

Fülle zehn Löffel ROT in ein Glas!
Fülle einen Löffel BLAU dazu!
Was passiert?

Fülle noch einen Löffel BLAU dazu!
Was passiert nun?

Und noch einen Löffel
BLAU dazu ...

Und ...

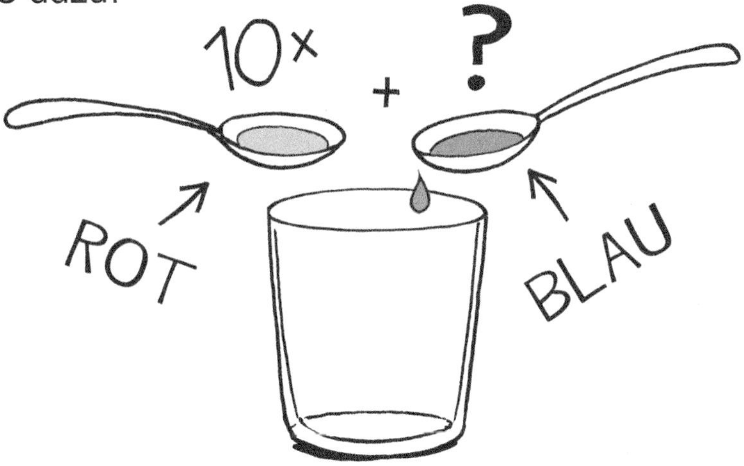

Beobachte genau!

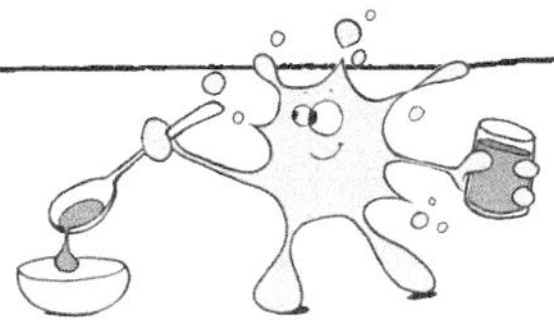

Fülle zehn Löffel BLAU in ein Glas!
Fülle einen Löffel ROT dazu!
Was passiert?

Fülle noch einen Löffel ROT dazu!
Was passiert nun?

Und noch einen Löffel
ROT dazu ...

Und ...

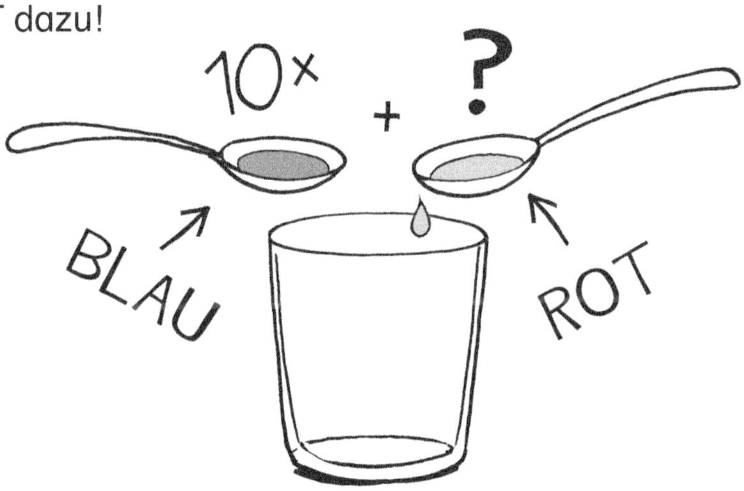

Anja Lorenz: Kunst in der Förderschule: Farben
© Persen Verlag, Buxtehude

Mische LILA!

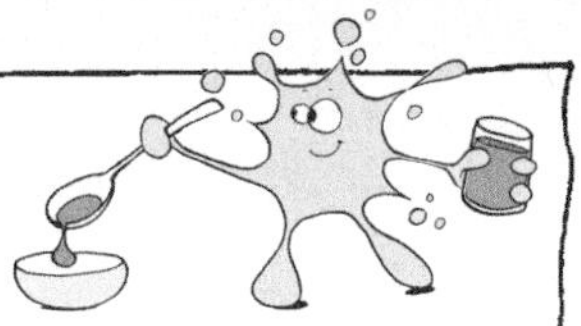

Fülle zehn Löffel BLAU in einen Becher!
Wie viele Löffel ROT müssen dazu, bis du LILA erhältst?

Weintrauben

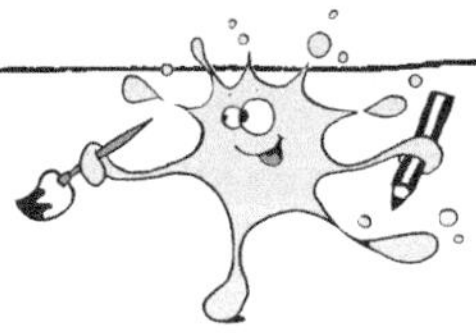

Male eine Weintraube mit Beeren in vielen verschiedenen LILA-Tönen!
Mische selbst!

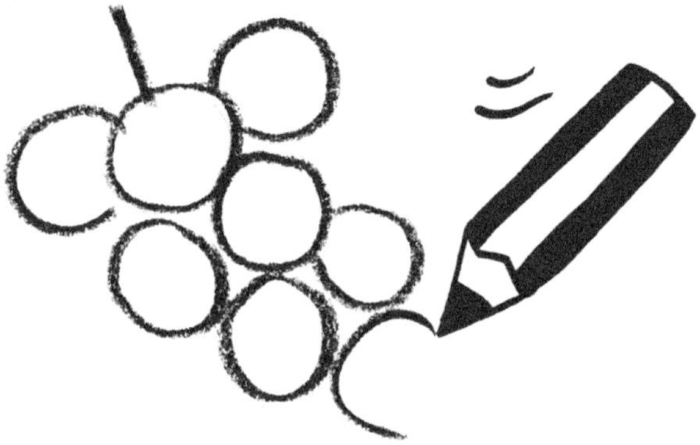

Was ergeben ...

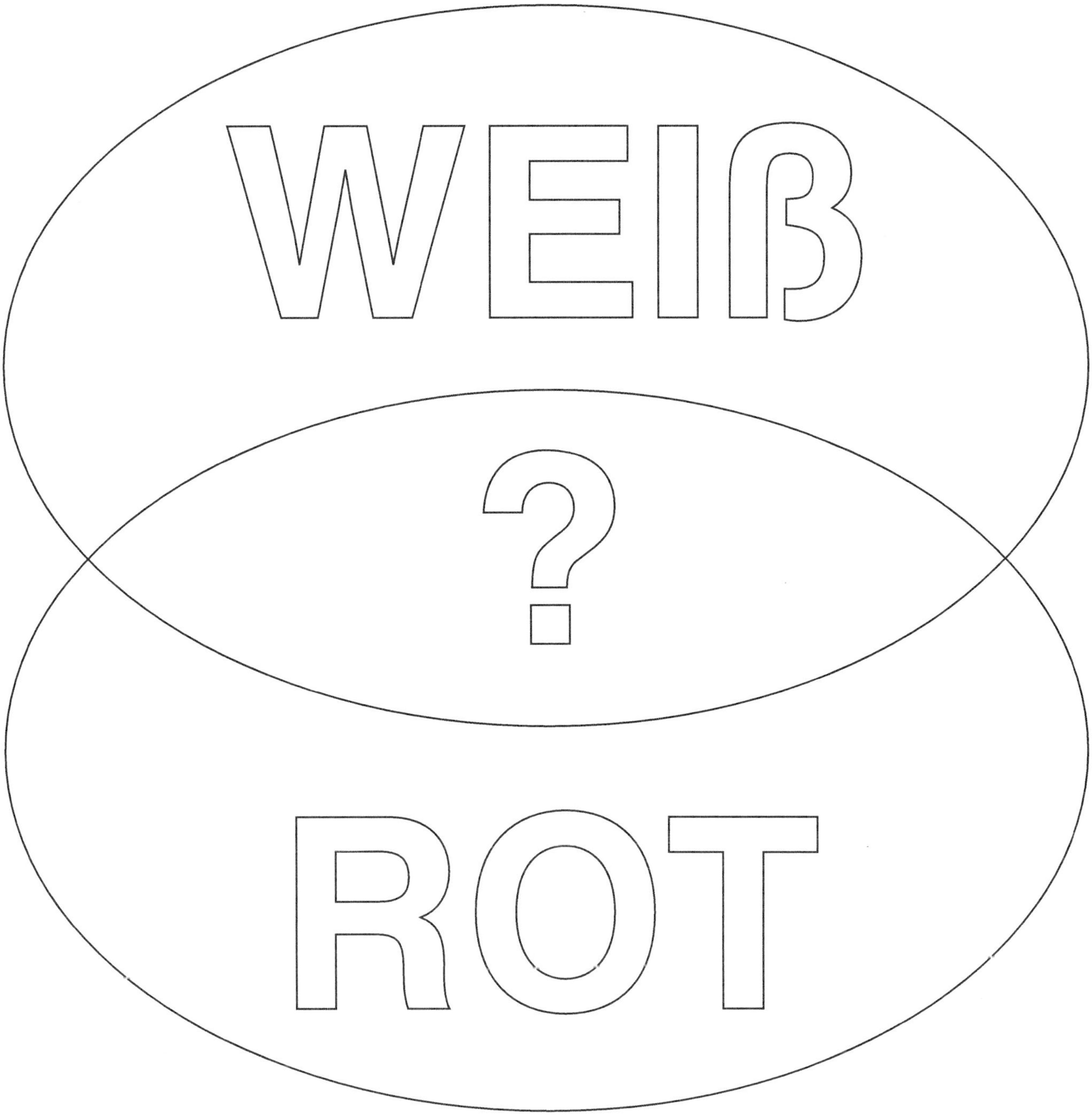

Ergebnis:

ROT + WEIß = ROSA?

Nimm ein **rotes** Blatt!
Male darauf mit WEIß!

Wird es ROSA?

WEIß + ROT = ROSA?

Nimm ein **weißes** Blatt!
Male darauf mit ROT!

Wird es ROSA?

Knete

1. Mische **rote** und **weiße** Knete!
   Welche Farbe kommt raus?

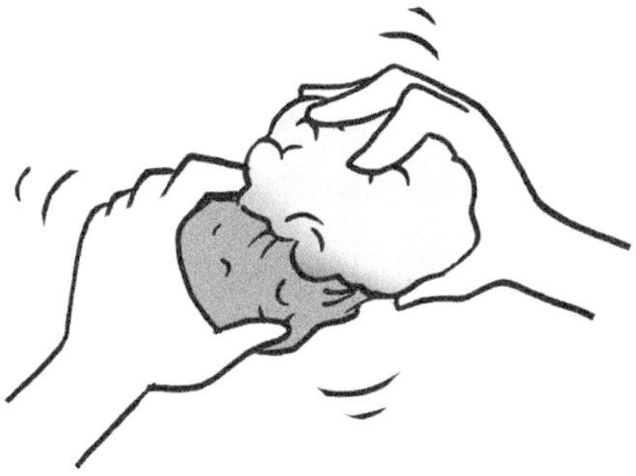

2. Forme eine Figur!
   Erkennen deine Mitschüler,
   was du geformt hast?

Buntstift

1. Male mit einem **roten** Buntstift!
   Male darüber mit einem **weißen** Buntstift!

   Welche Farbe kommt raus?

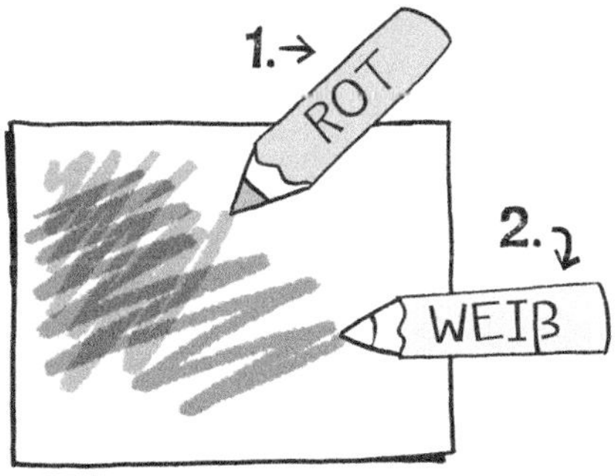

2. Male mit einem **weißen** Buntstift!
   Male darüber mit einem **roten** Buntstift!

   Welche Farbe kommt raus?

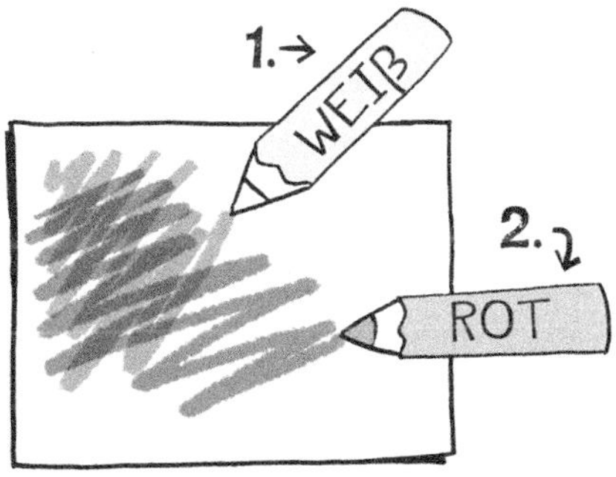

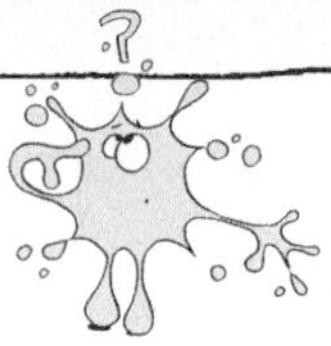

Folie

1. Lege eine **weiße** Folie über eine **rote** Folie!
   Halte sie gegen das Licht!
   Was passiert?

2. Lege nun die **rote** Folie über die **weiße** Folie!
   Halte sie gegen das Licht!
   Was passiert nun?

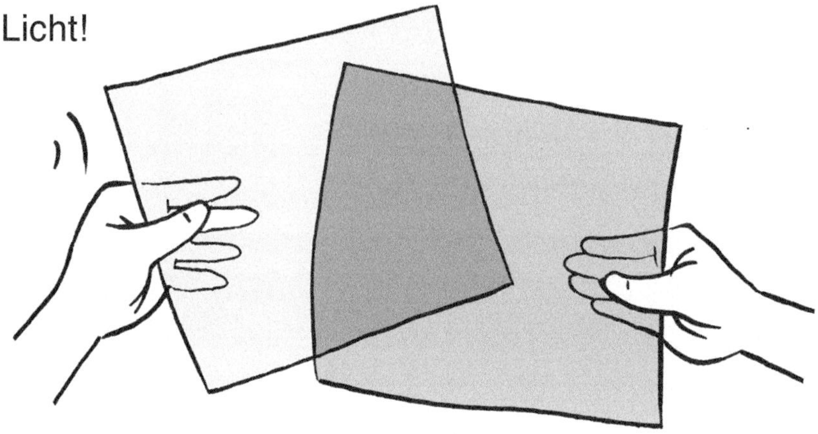

Beobachte genau!

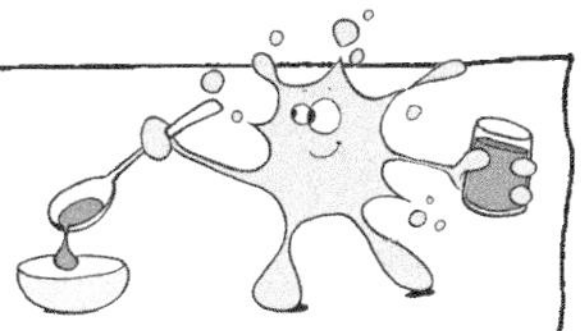

Fülle zehn Löffel ROT in ein Glas!
Fülle einen Löffel WEIß dazu!
Was passiert?

Fülle noch einen Löffel WEIß dazu!
Was passiert nun?

Und noch einen Löffel
WEIß dazu ...

Und ...

Beobachte genau!

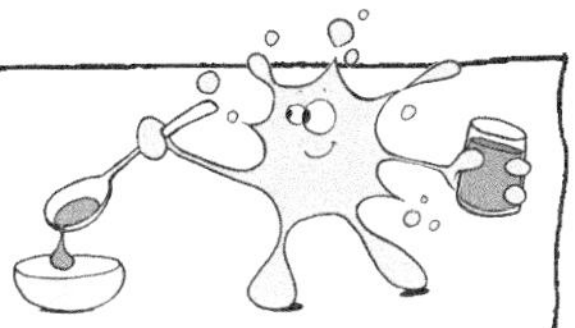

Fülle zehn Löffel WEIß in ein Glas!
Fülle einen Löffel ROT dazu!
Was passiert?

Fülle noch einen Löffel ROT dazu!
Was passiert nun?

Und noch einen Löffel
ROT dazu ...

Und ...

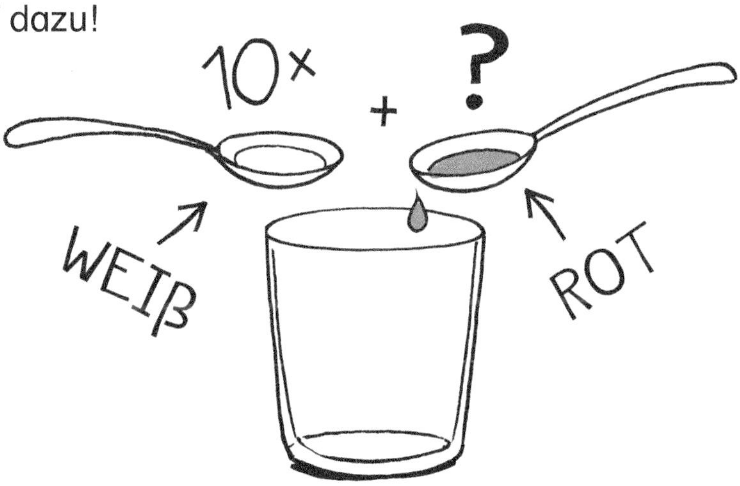

Anja Lorenz: Kunst in der Förderschule: Farben
© Persen Verlag, Buxtehude

Mische ROSA!

Fülle zehn Löffel WEIß in einen Becher!
Wie viele Löffel ROT müssen dazu, bis du ROSA erhältst?

Familie Schwein

Male eine Schweinefamilie!
Jedes Schwein soll einen anderen ROSA-Ton haben.
Mische selbst!

Was ergeben ...

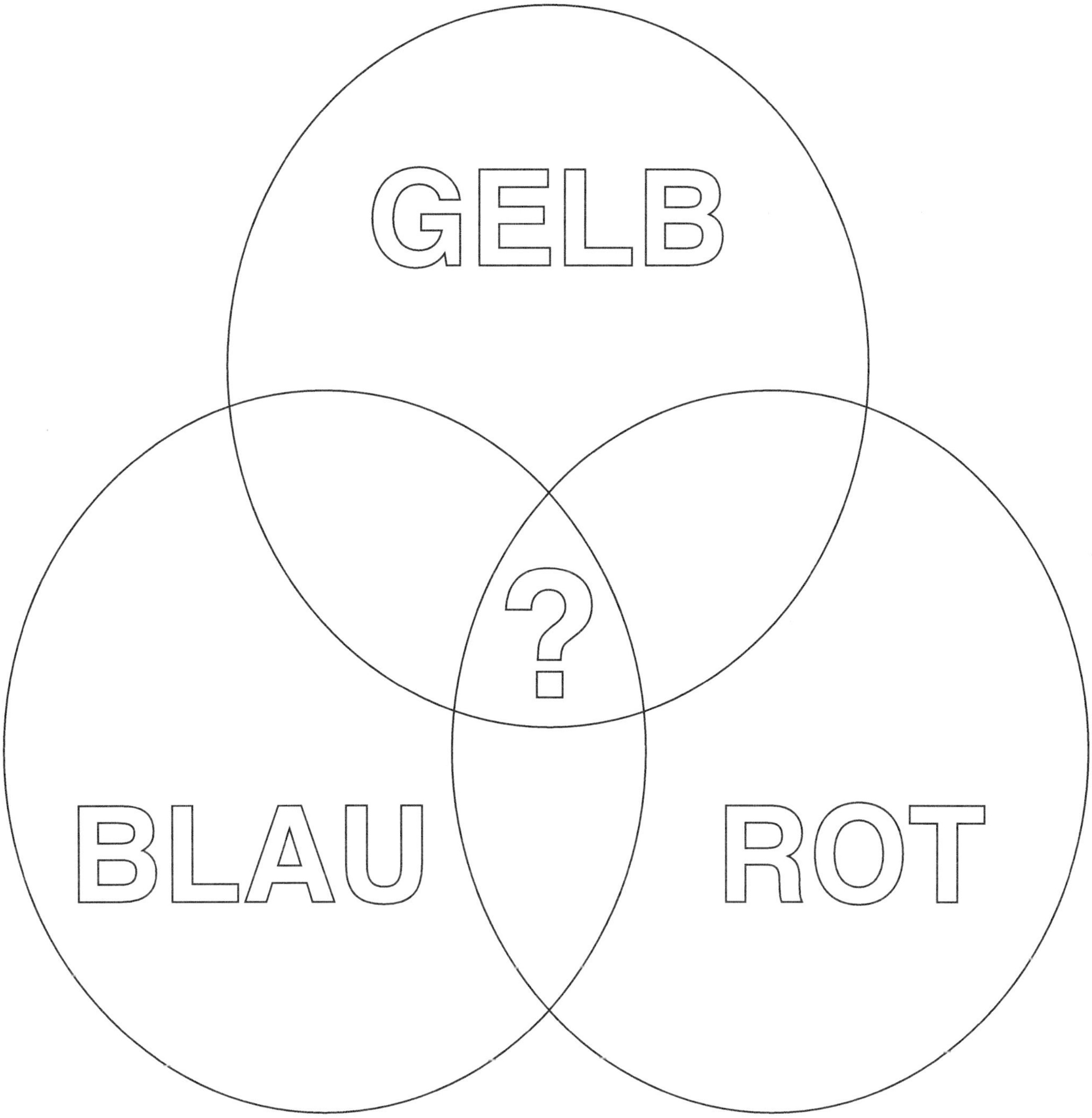

Ergebnis:

Was ergeben ...

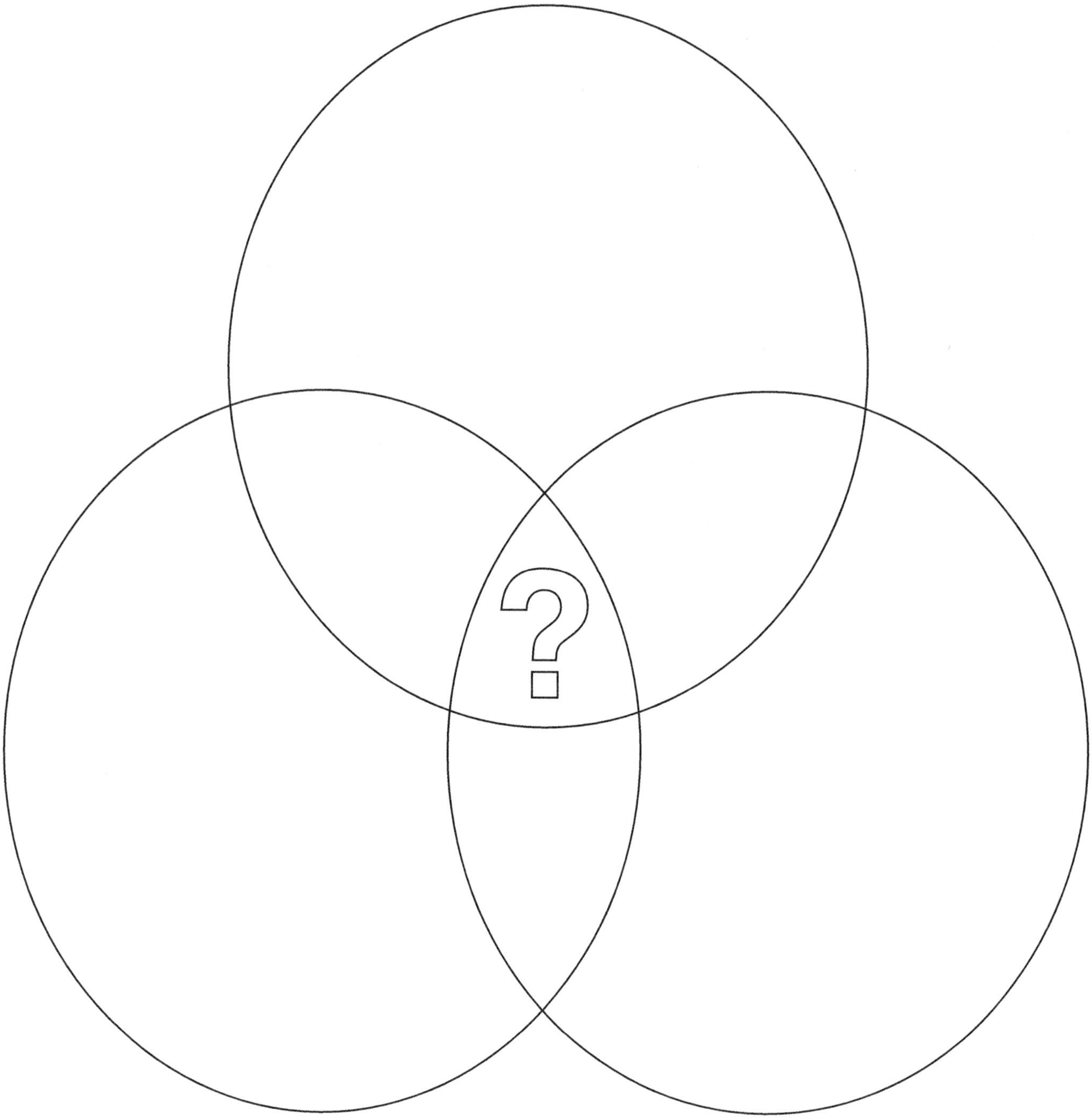

Ergebnis:

Was ergeben ...

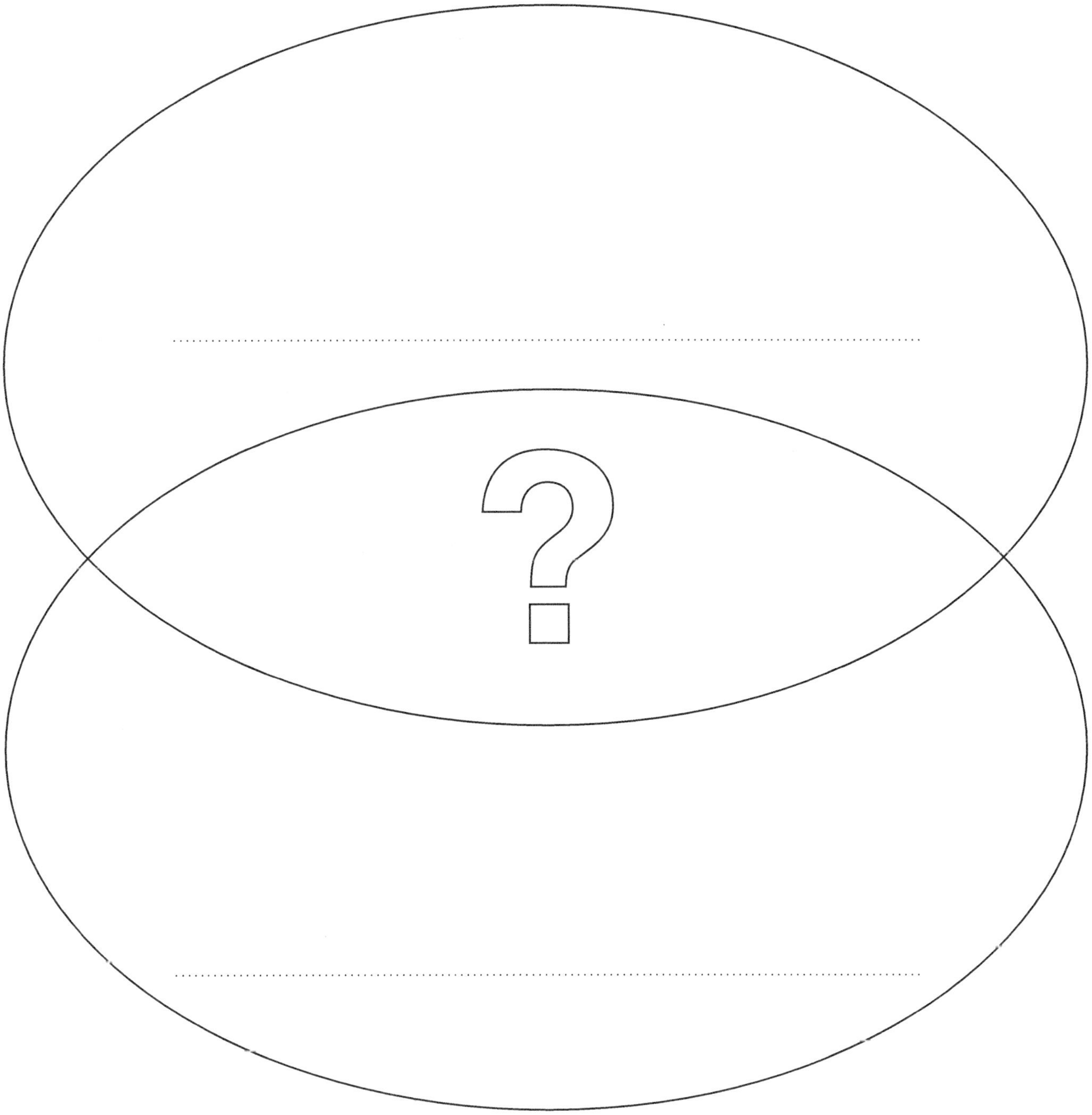

Ergebnis:

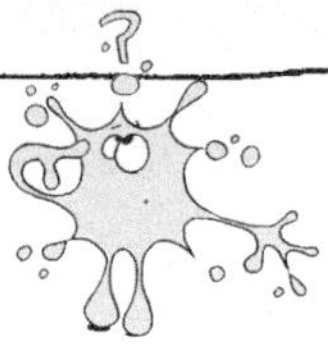

___________ + ___________ = ___________?

Nimm ein ___________ Blatt!

Male darauf mit ___________!

Wird es ___________?

Knete

1. Mische ___________ und ___________ Knete!

   Welche Farbe kommt raus?

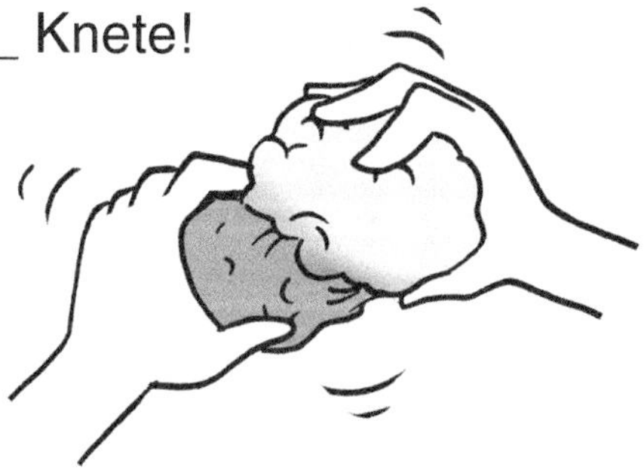

2. Forme eine Figur!
   Erkennen deine Mitschüler,
   was du geformt hast?

Buntstift

1. Male mit einem ________ Buntstift!

   Male darüber mit einem _______ Buntstift!

   Welche Farbe kommt raus?

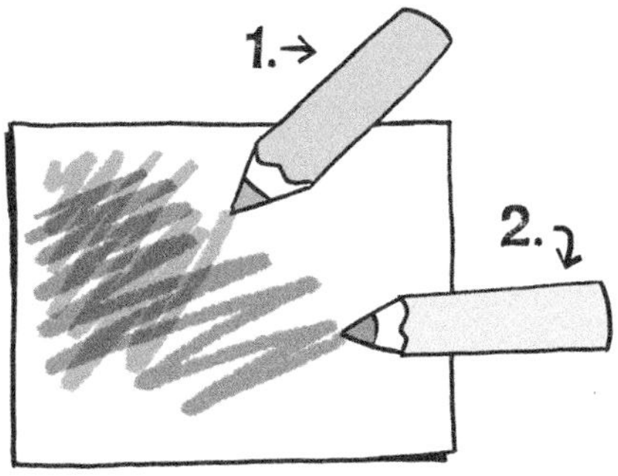

2. Male mit einem ________ Buntstift!

   Male darüber mit einem _______ Buntstift!

   Welche Farbe kommt raus?

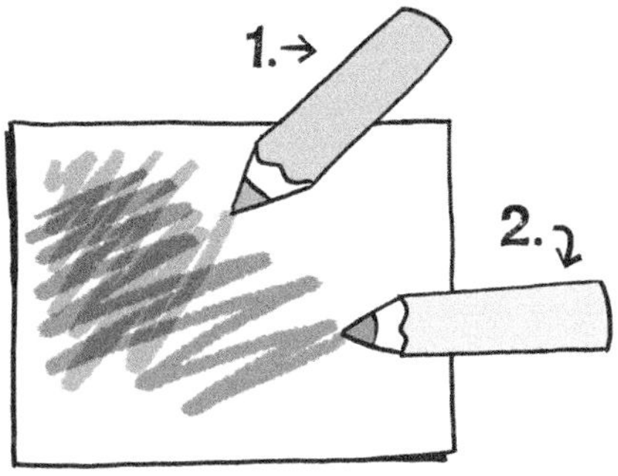

Folie

1. Lege eine __________ Folie über eine __________ Folie!
   Halte sie gegen das Licht!
   Was passiert?

2. Lege nun die __________ Folie über die __________ Folie!
   Halte sie gegen das Licht!
   Was passiert nun?

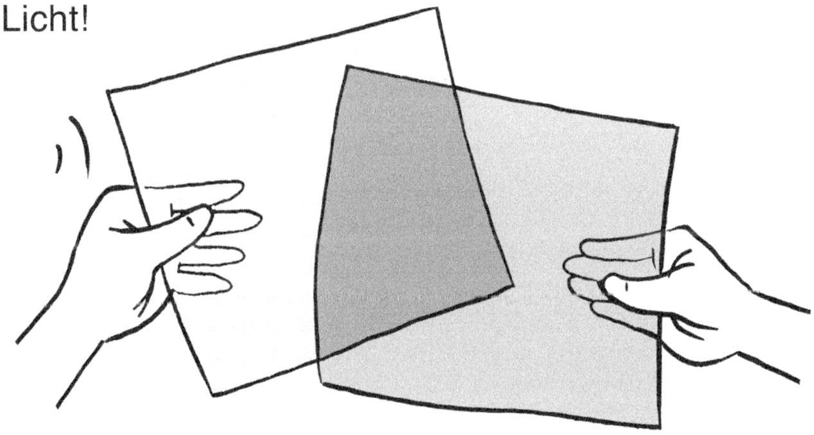

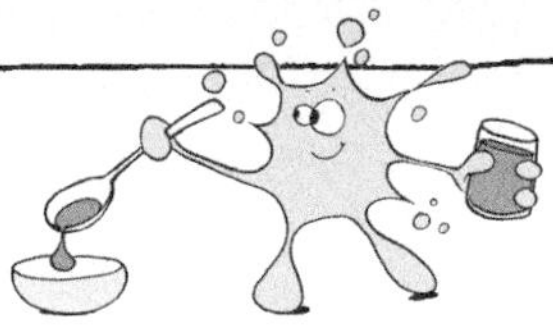

Beobachte genau!

Fülle zehn Löffel __________ in ein Glas!

Fülle einen Löffel __________ dazu!

Was passiert?

Fülle noch einen Löffel __________ dazu!

Was passiert nun?

Und noch einen Löffel

__________ dazu ...

Und ...

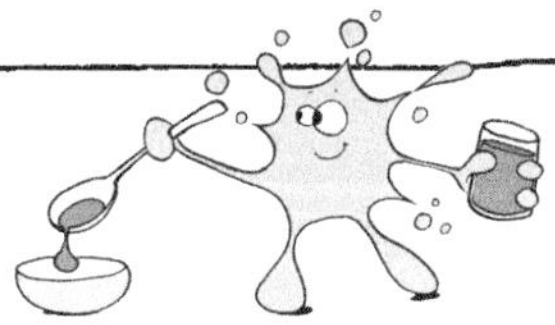

Mische __________!

Fülle zehn Löffel __________ in einen Becher!

Wie viele Löffel __________ müssen dazu, bis du __________ erhältst?

Pommes Rot-Weiß

Mische einen Löffel Ketchup mit einem Löffel Mayo!

Welche Farbe kommt raus?

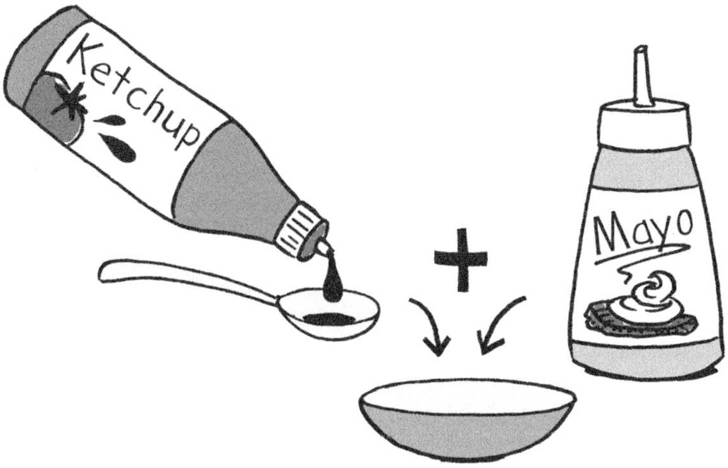

Himbeerquark

Mische einen Löffel Quark mit einem Löffel Himbeeren aus dem Glas!

Welche Farbe kommt raus?

Anja Lorenz: Kunst in der Förderschule: Farben
© Persen Verlag, Buxtehude

Buntes aus der Zeitung

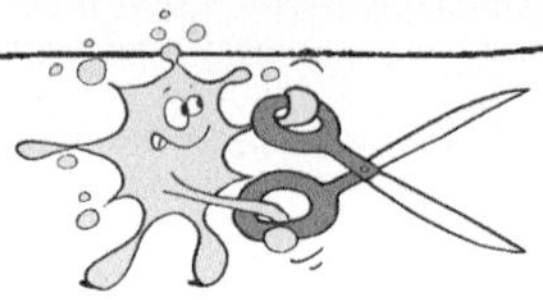

Schneide aus einer Zeitung alle Dinge aus, die __________ sind!

Klebe alle Dinge auf ein Blatt Papier!

Erfinde eine Geschichte, in der alle diese Dinge vorkommen!

Farbenpuzzle

Wähle zwei Farben!
Male mit Farbe 1 in das 1. Feld!

Mische etwas von Farbe 2 zu Farbe 1!
Male in das 2. Feld!

Mische noch mehr von Farbe 2 dazu!
Male in das 3. Feld!

Mische immer mehr von Farbe 2 dazu!
Male hintereinander in die übrigen Felder!

Schneide alle Felder aus!

Kann dein Mitschüler das Puzzle wieder zusammenlegen?

Farbenpuzzle

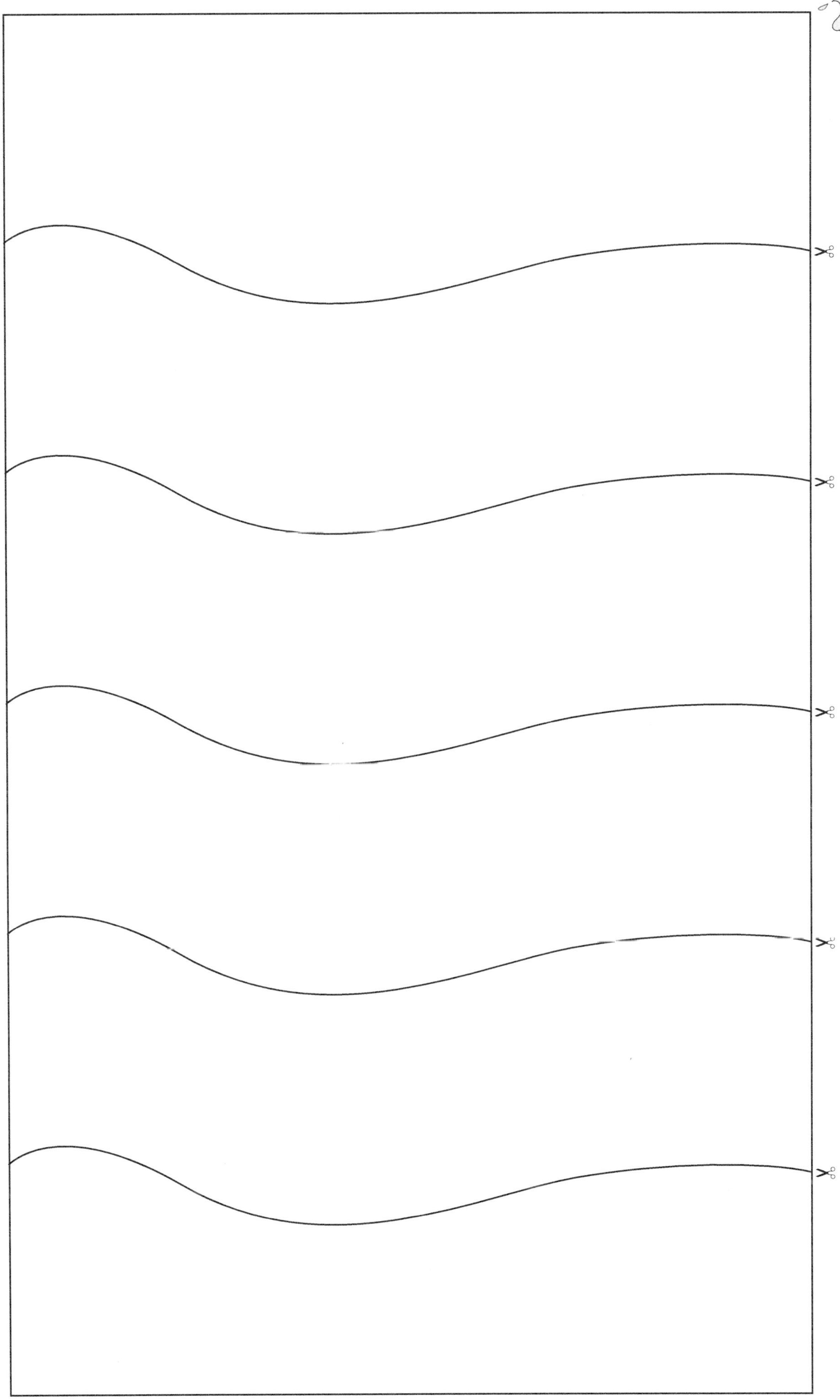

Eine graue Tierparade

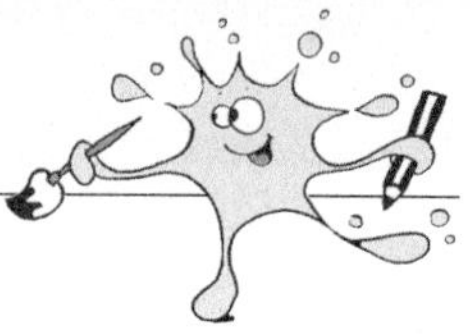

Male jedes Tier in einem anderen GRAU-Ton an!
Mische selbst!

Achtung! Ein Tier ist nicht grau, sondern ...

Welcome Farbe passt zum Wort?

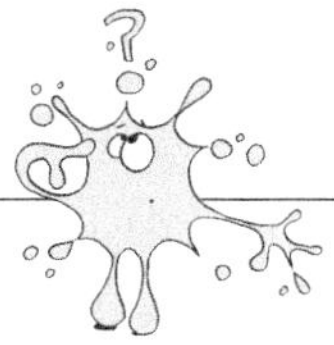

Male an!

Blut	Tinte	Kirsche
Zahn	Tomate	Himmel
Gras	Frosch	Maus
Joghurt	Erdbeere	Feuerwehr
Herz	Lippen	Gurke
Schnee	Meer	Blatt
Ketchup	Himbeere	Wiese

Ein Fantasie-Tier

Feuer

Anja Lorenz: Kunst in der Förderschule: Farben

Weintrauben

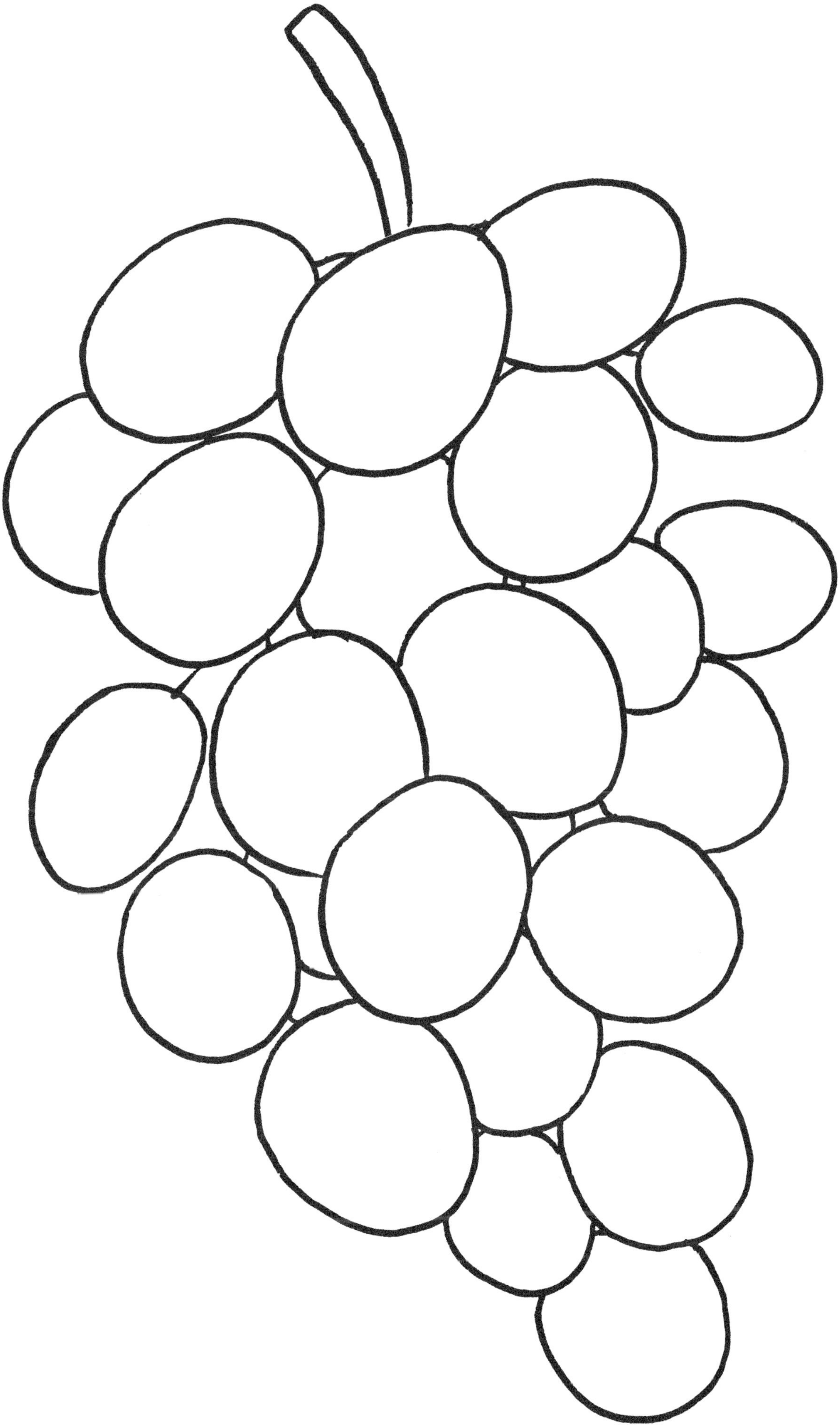

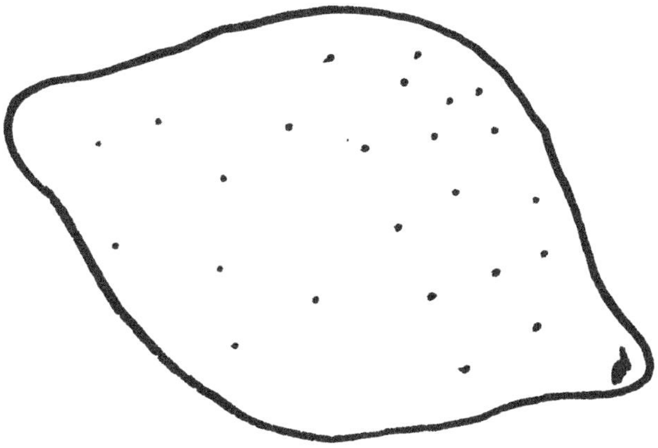

Zitrone

Blaubeeren

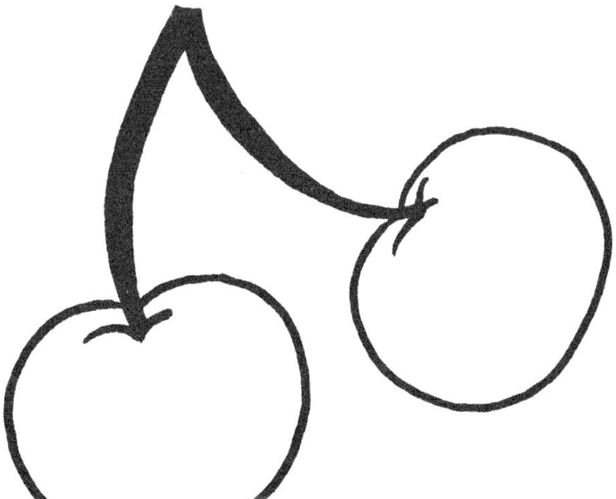

Kirschen

Frosch

Pflaume

Schwein

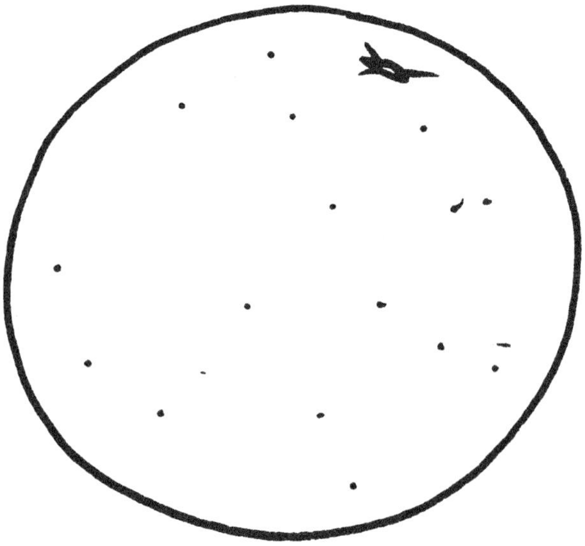

Orange

Blume

Jederzeit optimal vorbereitet in den Unterricht?

»